ORAISON FUNEBRE

DE TRÈS-HAUT, TRÈS-PUISSANT ET TRÈS-EXCELLENT PRINCE,

LOUIS-PHILIPPE D'ORLÉANS,

DUC D'ORLÉANS,

PREMIER PRINCE DU SANG;

PRONONCÉE au Service solemnel que MM. les MAIRE & ECHEVINS de la ville d'Orléans ont fait célébrer en l'Eglise Cathédrale, le 8 Mars 1786;

Par M. DELAFOSSE, Chanoine de ladite Eglise, & Bachelier en Théologie de la Faculté de Paris.

A ORLÉANS;

De l'Imprimerie de COURET DE VILLENEUVE, Imprimeur du Roi, rue Vieille-Poterie.

1786.

ORAISON FUNEBRE

DE TRÈS-HAUT, TRÈS-PUISSANT ET TRÈS-EXCELLENT PRINCE,

LOUIS-PHILIPPE D'ORLÉANS,

DUC D'ORLÉANS,

PREMIER PRINCE DU SANG ;

Universus Juda, & Jerusalem , luxerunt eum.
Tout Juda & Jérusalem l'ont pleuré.
Au second Liv. des Paral. ch. 35.

MONSEIGNEUR, *

QUEL est donc le sujet de cette affliction extraordinaire ?   Pourquoi toute une Nation est-elle plongée dans la tristesse ?   Josias étoit aimé ;

* Monseigneur DE JARENTE D'ORGEVAL , Evêque d'Olba, Coadjuteur de l'Evêché d'Orléans, *Officiant.*

A ij

Jofias eft mort, & tout Juda, tout Jérufalem vont répandre des larmes fur fon tombeau ; & le deuil eft univerfel, la défolation générale dans Juda & dans Jérufalem. *Univerfus Juda , & Jeru-falem , luxerunt eum.*

TELLE eft en effet la condition des Grands de la terre. Après avoir attiré tous les regards pendant leur vie, ils les fixent encore fur eux au moment qui la termine. Élevés il n'y a qu'un inftant, au faîte des honneurs & de la puiffance , ils n'avoient alors que des admirateurs : mais la mort les dépouillant de tout ce vain étalage de grandeur , les égale au refte des hommes ; & bien loin de craindre de porter encore un œil curieux fur leurs actions, on les cenfure avec autant de liberté qu'on leur applaudit. Quelle diftinction leur refte t-il donc ? celle du jufte mépris qu'ont infpiré leurs vices, ou des juftes éloges que leur ont mérité leurs vertus.

LA mémoire du Prince que vous pleurez, ne peut, Meffieurs, que juftifier vos regrets, & vous m'avez , fans doute , prévenu dans l'application des paroles de mon texte. Toutes les vertus que l'Auteur facré loue dans Jofias, l'ordre de la Providence les a fait briller de nos jours dans la perfonne du Duc d'Orléans, & les fentimens de votre reconnoiffance doivent égaler ceux de votre douleur : vous avez vu revivre en lui tout ce que vous avez admiré dans fes illuftres Ancêtres. Même fidélité envers fes Rois, même dévouement pour la Patrie, même intrépidité dans les combats, même fageffe dans les confeils, même amour pour la Religion.

Mais ce que je remarque particulièrement dans celui dont je dois vous tracer l'éloge, c'eft ce mépris réfléchi du fafte & de l'oftentation, cette froide indifférence pour tout l'appareil féduifant qui environne la grandeur. Aux fragiles avantages de la fortune, aux frivoles diftinctions de la naiffance, il ne donnoit d'autre prix que celui que le Sage y attache ; & la modeftie, la fimplicité furent les principaux attributs de fa grande ame. Ce qui rendra fa mémoire chère & refpectable, c'eft cette douceur que rien ne put jamais altérer, cette affabilité qui le rendoit populaire, acceffible à tout le monde. Son accueil prévenant fembloit ouvrir auprès de lui tous les paffages. Les plaintes, les gémiffemens des victimes de l'infortune pénétroient son ame sensible ; il s'attendrissoit sur leur sort, & leur tendoit une main secourable : qualité rare dans les Grands, & qui attachoit à celui-ci tous les cœurs par un charme secret dont il étoit impossible de se défendre. Enfin, ce qui doit exciter en vous les sentimens d'un douloureux souvenir, c'est sur-tout cette humanité généreuse qui le faisoit compatir à tous les genres de malheurs ; cette bienfaisance sans bornes qui s'étendoit à toutes les espèces de misères : c'est cette bonté paternelle dont la douce image respiroit dans tous ses traits, dont tous les sentimens animoient son cœur & faisoient sa plus douce consolation. Voilà, Messieurs, ce qui caractérise en peu de mots un Prince qui fut si digne de votre amour. Voilà l'Homme dont tout un Peuple pleure aujourd'hui la perte, & dont la mort excitera long-temps les regrets. *Universus Juda, & Jerusalem, luxerunt eum.*

Vous verrez dans l'éloge du Duc d'Orléans les divers événemens dont il a été l'agent, le témoin ou le mobile. Toutes ces vertus dont Dieu avoit jeté la semence dans son ame, & dont il a développé tous les germes dans ses actions, vous feront regretter une vie malheureusement trop courte pour votre bonheur. Sa mort édifiante, quoiqu'imprévue, vous montrera, dans le plus beau jour, son attachement invariable à une Religion dont il a rempli exactement tous les devoirs ; sa résignation entière à la volonté d'un Dieu, dont il a respecté tous les décrets ; à cet écueil fatal où toutes les grandeurs mondaines viennent se briser & s'anéantir, il a fait éclater ces sentimens nobles & religieux, qui n'appartiennent qu'au Héros chrétien. Dans sa vie & dans sa mort vous trouverez d'importantes leçons pour votre conduite, des réflexions utiles pour votre piété. Ames indifférentes, mortels orgueilleux, vous entendrez encore ce qu'on vous a déjà dit tant de fois sur l'incertitude de la vie, sur le néant & la misère de l'homme ! Vous apprendrez surtout à vous humilier devant la majesté d'un Dieu, dont vous venez aujourd'hui reconnoître la puissance, & fléchir la miséricorde ; à rendre vos hommages les plus sincères à une Religion sainte, qui fait toute votre gloire, & sur laquelle seule vous devez fonder, & toutes vos ressources, & toutes vos espérances.

Si j'envisage le Duc d'Orléans sur le

théâtre de la gloire & de la grandeur, je vois un Guerrier qui facrifie fes propres intérêts à ceux de la Patrie qu'il fert & qu'il défend ; un Prince qui, dans le rang le plus élevé & le plus proche du trône, donne l'exemple de l'obéiffance & de la foumiffion. Si je le confidère dans une perfpective moins brillante, & comme renfermé dans l'intérieur de fa vie privée, je vois un Maître doux & modéré, dont la bonté fait refpecter les ordres ; un Bienfaiteur dont l'ame généreufe fe plaît à répandre des faveurs fur tous ceux qui l'environnent ; en un mot, un Chrétien, qui formé de bonne heure à la pratique des vertus par les fublimes leçons qu'il en a reçu de fes Ancêtres, les confacre toutes à la religion qu'il profeffe, & en couronne l'exercice conftant par une mort précieufe aux yeux du Seigneur. C'eft fous ce double rapport que je vous peindrai le Prince à qui nous rendons ces funèbres devoirs.

HEUREUX, fi je puis aujourd'hui éclairer vos efprits qu'environnent les ombres de la mort, déchirer ce voile épais qui dérobe à vos regards la figure éblouiffante d'un monde trompeur ! Heureux fi je puis vous apprendre comment

comment un Chrétien doit vivre , comment un Chrétien doit mourir ! J'aurai rempli les vues du trifte miniftère qui m'a été confié , & j'aurai fait l'éloge le plus parfait de TRÈS - HAUT , TRÈS-PUISSANT ET TRÈS-EXCELLENT PRINCE , LOUIS-PHILIPPE D'ORLÉANS , DUC D'ORLÉANS , PREMIER PRINCE DU SANG.

PREMIERE PARTIE.

PHILIPPE D'ORLÉANS venoit de terminer glorieufement fa carrière : Dépofitaire de l'Autorité Royale , il avoit fait fleurir les lois & le commerce , les arts & les fciences. Savant dans l'art de gouverner, la profpérité de ce Royaume, fon opulence, fa gloire étoient l'ouvrage de fon génie. Il laiffoit après lui, pour en foutenir toute la fplendeur, un jeune Monarque, l'efpoir & l'amour de fes Sujets; pour héritier de fon nom , un Fils qui devoit éclairer la France par la pratique des plus fublimes vertus, & devenir un jour le modéle le plus accompli de la morale évangélique; un Prince dont la mémoire devoit être en vénération dans toute l'Europe , & faire l'étonnement & l'admiration de fon fiècle , rendant à la Religion l'hommage le plus glorieux

B

par le facrifice de fa grandeur ; donnant à l'humanité le fpectacle de l'ame la plus fenfible, par les œuvres d'une ardente charité, par les traits d'une bienfaifance univerfelle. Vous n'avez point oublié, Meffieurs, qu'il a été l'Ange tutélaire de cette Province, dans le défaftre le plus affreux. C'eft fa main protectrice qui arracha, du milieu des ondes écumantes, une multitude de victimes, & qui, par des fecours prompts, efficaces & abondans leur rendit la vie & la confolation.

Dieu deftinoit à ce fidèle Serviteur une Princeffe vertueufe, une femme accomplie, la gloire de fon fexe par fon éminente piété, digne en tout de fon augufte Epoux par l'heureux affemblage des mêmes perfections. (France ! tu n'as vu briller cet aftre que quelques inftans, & la mort d'*Augufte de Bade* te caufa les plus vifs regrets). La naiffance d'un Fils fut comme la récompenfe de tant de mérite, & le gage de l'union la plus fainte, la plus parfaite qui fût jamais. Il naquit, pour ainfi dire, à l'ombre des vertus qui fembloient avoir fixé leur afile dans le Palais de fes Peres.

Dès cet âge encore tendre, où la marche

de la nature ne s'annonce que par des progrès
prefqu'infenfibles, où n'ayant d'autre appui que
fa feule foibleffe, elle confole à peine des
alarmes qu'elle caufe par le moindre rayon
d'efpérance ; dès cet âge, dis-je, on diftinguoit
déjà dans le Duc d'Orléans une flexibilité
de caractère, une égalité d'humeur qui furent
fi je puis m'exprimer ainfi, les vertus de fon
enfance. Une douce fenfibilité, un heureux
naturel préfagèrent dès-lors ce qu'il a été pendant
tout le cours de fa vie, l'amour de fes Maîtres,
l'ami de fes Rois, le père des Habitans d'une
grande Ville, les délices de tout un Peuple, &
la gloire du trône de la Maifon de fon Père.
Erit quaſi Pater habitantibus Jeruſalem, & domui   Iſ. ch. 22.
Juda, & erit in ſolium gloriæ domui Patris
ejus.

EH ! quel fruit ne devoit pas produire un
jour cette jeune plante cultivée par les plus
tendres foins ! Que ne devoit-on pas augurer
d'un Prince formé fous les yeux même d'un
Père qui étoit le fanctuaire vivant de toutes
les vertus ! Quel prix pouvoit-il attacher à la
gloire périffable du monde, en voyant ce Héros
chrétien la fouler aux pieds, & en chercher une
plus folide dans les exercices continuels de la

pénitence & de l'humilité ! C'eſt par de tels exemples que, du fond même de ſa ſolitude, il empêchoit de germer dans l'ame de ſon Fils ces vices ſi communs dans les conditions élevées, cet orgueil des titres & de la naiſſance, cette vaine eſtime de ſoi-même ; en un mot, ces mépris dédaigneux dont les Grands ſemblent accabler tous ceux qui les approchent.

En effet, Meſſieurs, les plus heureuſes diſpoſitions de la nature deviennent inutiles, ſi une éducation ſoignée ne contribue à leur développement & à leur perfection. Ce fut à l'école de ce Père vertueux que ſe forma notre jeune Prince : ce fut là qu'il puiſa cette docilité à laquelle il dut ſes progrès rapides dans tous ſes exercices, & ſur-tout, ces qualités aimables qui, par la ſuite, lui gagnèrent tous les cœurs.

Bientôt il paroît ſur le théâtre du monde, il ſe préſente à la Cour des Rois avec tout l'éclat d'une haute naiſſance, avec tous les charmes de la plus brillante jeuneſſe. Dans un âge où tout porte à l'amour du plaiſir & de la diſſipation, où la vertu ne trouve que des écueils, il eſt fidèle à ſes devoirs, il échappe à tous les dangers de la séduction. Au moment où son ame commence à peine à développer ses premiers sentimens, il est déjà le défenseur de la vérité, le zélateur de la justice : régulier dans sa conduite, prudent dans ses discours, modéré dans ses désirs, on admiroit en lui, dès le printemps de ses années, une noble franchise, une aimable candeur, une bonté naturelle. Le vice eut beau préparer ses poisons les plus subtils, l'adulation vile & rampante, ses ressorts les plus artificieux, rien ne put ébranler les principes d'une éducation toute chrétienne. Heureux d'avoir pu se préserver de la contagion dans un séjour où tout inspire & fait naître les passions, & dans un âge si propre lui-même à les enflammer ! Plus heureux, après y avoir succombé, de rentrer dans les voies de la vertu dont la foiblesse humaine l'avoit seule écarté, & de recouvrer les droits précieux de son innocence !

Dans la fleur de la jeunesse, il est déjà avide de cette gloire qui doit le rendre cher à la Patrie ; il se dispose à se rendre utile à l'État dans les charges militaires où son rang l'appelle. Il est un art meurtrier que l'homme a porté au plus haut point de perfection ; il doit sa naiſſance à l'ambition , à la cruauté ; il ne connoît d'autres droits que la violence & l'injuſtice : c'eſt la Guerre. Les Princes ne devroient jamais employer ce fléau deſtructeur, que pour la défenſe légitime de leurs Peuples , & telle eſt , dans ce ſiècle, la maxime conſtante de nos Rois. Environnée de voiſins envieux & puiſſans , la France ſe ſoutient par ſa propre force contre ſes ennemis naturels. Peu jaloux d'étendre ſes limites par des conquêtes , les Princes qui la gouvernent, ſe contentent d'entretenir la paix & l'abondance dans ſes fertiles contrées ; protectrice déclarée des Princes malheureux , elle eſt leur appui le plus ſolide & le plus conſtant. Sa prépondérance la rend l'arbitre des Souverains de l'Europe , elle tient entre eux cette balance égale , ce parfait équilibre qui fait le bonheur & la ſureté des Nations.

Louis le Bien-Aimé ſoutenoit alors preſque ſeul tout le poids d'une guerre dont les commencemens promettoient une réuſſite heureuſe, mais dont la fin ne préſageoit que des revers. Protecteur de *Charles Albert* , il ſembloit juſqu'alors avoir enchaîné les mauvaiſes deſtinées de cet Empereur ; il tente encore par de nouveaux efforts d'en suspendre le cours. Les Troupes françoises s'assemblent sous les remparts de Spire ; brûlant de signaler son courage le DUC D'ORLÉANS vient en faire le premier essai. A la tête de la Maison du Roi & de la Cavalerie, il affronte les plus grands dangers ; il donne des preuves de cette valeur si naturelle aux Bourbons , & il se couvre de gloire dans les plaines d'Ettingue. France ! tu combattois alors contre tes plus chers intérêts ! Quel bonheur pouvoit égaler celui qui t'étoit destiné dans l'alliance de *Marie Thérèse* ! Tu trouves aujourd'hui dans son auguste Fille le gage précieux d'un pacte immortel , & des biens préférables à tous les triomphes !

DANS cette journée si fatale à *Charles Albert* , dont trop de précipitation nous fit perdre les fruits , on vit s'évanouir toute la gloire de ses premiers succès ; elle fut comme le tombeau de ses espérances. Le DUC D'ORLÉANS y acquit la réputation d'un Prince intrépide. Il s'y distingua par deux traits remarquables dans un jeune Guerrier ; l'un de modestie , l'autre de bienfaisance. Son cheval est atteint d'un coup de feu , il attribue cet accident à une cause légère ; on lui présente un enfant abandonné fur le champ de bataille , il en devient le père , lui donne un nom analogue à la circonftance , & le comble par la fuite des plus grands bienfaits.

DEVENU cher aux chefs, adoré des foldats , il cherche de nouveaux périls; il fe trouve aux fiéges de Menin, de Furnes, de Fribourg, à celui de la citadelle d'Anvers. Un Général fameux foutenoit alors la gloire du nom François par une fuite continuelle d'éclatantes victoires. Son expérience confommée dans toutes les parties de la guerre , ne démentoit pas ce que la Renommée en publioit. Attaquées par un pareil Chef, toutes les places de la Flandre ne peuvent tenir contre la bravoure de nos foldats. A Lawfelt, le Maréchal de Saxe déploie tous les talens, toutes les reffources de l'art militaire; notre jeune Guerrier admire la prudence & la capacité de ce grand homme, il prend part à fes travaux, il participe, il applaudit à fes triomphes.

FIDÈLE obfervateur de la difcipline militaire, il donnoit l'exemple de l'obéiffance , il étoit le modèle de la fubordination; exact, vigilant, il ne fe livroit jamais au repos qu'il n'eut affuré par lui-même celui des autres. Prévoyant tout, par-tout il établiſſoit l'ordre & la ſûreté. Avare du ſang des ſoldats, tout ce que les exercices militaires ont de plus pénible, il le partageoit avec eux, il ménageoit leur vie comme celle de ſes propres enfans. Commandant en chef un détachement conſidérable, il conſerve avec le plus grand ſoin les troupes qui lui ſont confiées. Si l'abondance règne dans ſon camp, ce n'eſt point en ravageant le pays ennemi; il en écarte autant qu'il peut l'image effrayante de la guerre. L'amour du pillage, ce brigandage affreux qui dévaſte inutilement les campagnes & expoſe ſans fruit la vie du ſoldat, le DUC D'ORLÉANS détruit dans ſa ſource ce funeſte penchant; tout ce qui peut être l'objet de ſon avidité, il le paie ſelon ſa juſte eſtimation, le lui fait diſtribuer gratui- tement, & ce que la ſévérité n'avoit pu faire juſqu'alors, eſt l'ouvrage de ſa généroſité. Je ne vous le repréſenterai point, Meſſieurs, au milieu de ces champs de carnage où le trépas étale toutes ſes horreurs, où des milliers de victimes nagent dans leur ſang; à ces affreux ſpectacles la plus brillante victoire n'a plus pour lui aucun éclat : la nature, la pitié pouſſent des cris touchans qui pénètrent juſqu'au fond de ſon cœur. Amis & ennemis, il ſoulève de ſes propres mains des malheureux qui implorent la mort, il

G

les arrofe de fes larmes, & s'il ne peut leur rendre la vie, ils la perdent du moins fans regrets, confolés par les tendres foins qu'il leur prodigue. C'eft par de pareils traits qu'il gagne la confiance des Généraux, l'amour de ceux qui marchent fous fes ordres, & l'eftime même de fes ennemis.

UNE Puiffance qui ne ceffera jamais d'être jaloufe & inquiète, excite encore de nouveaux orages, & nous déclare une guerre auffi injufte que cruelle. Toujours prêt à fe facrifier pour le bien public, le DUC D'ORLÉANS n'écoute que fon devoir, & s'en fait une loi indifpenfable. Au feul commandement de fon Roi, il court fe ranger fous les drapeaux de l'armée françoife. Il marche à la conquête de l'Electorat d'Hanovre, du Duché de Brunswick, du Pays de Heffe; l'Angleterre & fes alliés ne peuvent empêcher la victoire de s'attacher encore à nos étendarts; toutes nos entreprifes font autant de trophées élevés à la gloire de la Nation. Haftonbeek, le fang de tes guerriers ruiffelle dans les campagnes, & le Dieu des armées a difperfé tes troupes épouvantées !

SI je me fuis arrêté, Meffieurs, quelques

momens à dès détails qui paroissent peu convenir à mon ministère, c'est que je crois qu'il est permis à un Orateur chrétien de célébrer ces Princes modérés qui ne formoient des vœux que pour le bien général de tous les hommes, & ne combattoient que pour leur procurer une délicieuse tranquillité ; qui ne demandoient pour prix de leurs victoires qu'à voir fleurir au milieu des nations les palmes de l'olivier, & à n'en faire qu'une seule & même famille, en les réunissant sous les mêmes lois. Uni étroitement à son Roi par une conformité de sentimens & une confiance réciproque , autant que par les liens du sang, combien de fois ces deux tendres amis de l'humanité ont-ils gémi sur les désastres de la guerre! A ses avantages les plus glorieux, à des lauriers teints de sang, ils eussent préféré, l'un & l'autre, une paix achetée par les plus grands sacrifices.

PARDONNEZ , Messieurs, au mouvement qui me transporte, il est digne du sujet qui me l'inspire, & il ne peut être déplacé. Venez & voyez les ouvrages du Seigneur qui a opéré sur la terre des prodiges étonnans! *Venite, & videte opera Domini, quæ posuit prodigia super terram.* Venez & voyez Ps. 45. comme il a fait cesser les guerres jusqu'aux extrémités de la terre ! *Auferens bella usque ad finem terræ.* Ame pacifique de *Louis le Bien-Aimé*, ton vœu le plus ardent est accompli ! C'est ton Petit-Fils qui étoit destiné pour enchaîner l'inconstance des événemens, pour donner au monde entier les spectacles les plus consolans. C'est sous son empire que la miséricorde & la vérité se sont rencontrées : *Misericordia & veritas obviaverunt sibi.* C'est dans ses mains que Dieu a fait éclore les fruits immortels de la concorde & de la justice : *Justitia & pax osculatæ sunt.* S'il n'a pu calmer les vents & les flots, c'est lui qui a lancé ces foudres qui ont affranchi les mers d'une injuste usurpation ; c'est de son trône que sont émanés ces rayons bienfaisans qui ont ouvert tous les ports au commerce & à l'industrie ; enfin, c'est lui qui devoit éterniser sur les autels de la paix, par le traité le plus solemnel, la liberté de l'Océan, l'indépendance de l'Amérique, la gloire de son règne & la félicité de l'univers. Venez & voyez les ouvrages merveilleux du Seigneur ! En vain le démon des combats frémit sur l'un & l'autre hémisphère, son arc est brisé, sa lance est rompue, ses boucliers sont consumés dans le feu : *Arcum conteret, & confringet arma, & scuta comburet igni.* En vain les anciens dominateurs de l'élément le plus terrible s'agitent encore fur fes bords , le jeune Louis vient d'impofer un frein à leurs prétentions orgueil-leufes, & ils ne pafferont plus les bornes qu'il leur a prefcrites. *Ufque huc venies, & hîc confringes tumentes fluctus tuos.*

Job. 38.

Il me feroit difficile de vous exprimer com-bien le Duc d'Orléans a été touché de tant d'heureufes révolutions. S'il exifte pour les ames fenfibles & bienfaifantes une joie pure & célefte, on peut dire qu'il l'a goûtée dans toute fa plé-nitude. Témoin de tant de fuccès inefpérés, le bonheur de fa Patrie a été la récompenfe des fouhaits qu'il formoit pour elle : dévoué à fes Maîtres par tous les fentimens de la nature, du refpect & de la tendreffe, que n'éprouvoit-il pas à la vue d'un jeune Monarque couronné par la gloire, comme l'auteur de tant de biens, comme le libérateur du genre humain !

Et c'eft ici que fe préfente naturellement une des parties les plus intéreffantes de la vie du Duc d'Orléans. Deftiné par fa qualité de Premier Prince du Sang, à approcher de plus près de la perfonne de fes Rois, il favoit que l'obéiffance eft au-deffus de tous les facrifices, que rien ne peut difpenfer de ce droit facré qui oblige tous les hommes à honorer les Puiffances fupérieures.

I. Reg. 15.

Rom. 13. *Omnis anima Potestatibus sublimioribus subdita sit.*
Aussi a-t-il exécuté dans tous ses points le conseil
de Samuël & le précepte de S. Paul. Si pendant
la crise d'une révolution unique dans notre
histoire, il paroît s'écarter pour un moment de
cette loi générale , jusque dans les démarches
que lui dictent ses principes, il fait concilier
ensemble le respect qu'il doit à l'Autorité , & l'attachement qu'il a voué à la Nation. Bientôt la
même sensibilité qui l'intéresse en faveur de la
Monarchie , le ramène auprès du Monarque.
L'orgueil de la naissance , la proximité du trône
n'ont point été pour lui des épreuves dangereuses.
Il n'a jamais eu en vue que les intérêts & la
grandeur de ses Maîtres; tout ce qu'un cœur
françois peut ressentir d'attachement pour ses
Rois, il l'a exprimé dans toute sa conduite. Ils
n'eurent jamais de sujets plus dociles & plus
soumis; ce n'étoit point en lui une contrainte
servile, preuve ordinaire d'une ame pusillanime
qui rampe sous le joug ; il leur étoit fidèle par
choix, par estime & par inclination, n'omettant
rien de tout ce qui a rapport à une obligation
aussi inviolable ; les aimant pour eux-mêmes ,
& remplissant envers eux & la Famille Royale
tous les devoirs d'une dépendance volontaire
& respectueuse.

DE LA cette vivacité à faifir toutes les occa-
fions pour leur donner des marques de fon zèle
& de fon affection. Si fon augufte Père vole
au fecours de fon Roi atteint d'une maladie
mortelle dans la ville de Metz, & arrache, pour
ainfi dire, fon ame fugitive des bras de la mort;
c'eft dans de femblables circonftances qu'il devient fon plus parfait imitateur. Pourquoi fuis-je
obligé de vous rappeler des fouvenirs funeftes
& de rouvrir des plaies qui faignent encore !
Prince vertueux, digne Père du Monarque qui
nous gouverne ! vous qui en peu de temps Sap. 4.
avez rempli la courfe d'une longue vie ! &
vous, les délices de votre peuple, *LOUIS le
Bien - Aimé !* Combien ne lui avez vous pas
coûté d'inquiétudes & de foupirs ! Au feul bruit
du danger que nous courons de vous perdre,
la trifteffe fe peint fur tous les fronts, la crainte
glace tous les cœurs, la confternation eft à fon
comble. Voilà de ces momens décififs, &
c'eft alors que le DUC D'ORLÉANS déploye
tout ce que l'amour a de plus fort ; qu'il fait con-
noître combien les victimes qui vont être frap- Cant. 8.
pées lui font chères ! Il multiplie les témoignages de fa fenfibilité. Les démarches, les
attentions font prodiguées : les foins, les empref-
femens, la perte de fon repos, rien ne coûte

à sa tendresse. Il eût donné sa propre vie pour détourner les coups de la mort. Attaché au lit de douleur, plongé dans la plus profonde affliction, fondant en larmes auprès de ses amis expirans ; ne pouvant s'en séparer, il les console, il les rassure, il les fortifie : il attend la consommation de leurs sacrifices, il recueille leurs derniers soupirs. Tendre Amitié, vous avez donc encore des modèles à la Cour des Rois ! Sentiment précieux, qui faites le charme de la vie, non, vous n'en êtes point entièrement banni, & il se trouve encore des David & des Jonathas dans le séjour de l'Envie & de la Dissimulation ! Mais, qu'admirerons-nous ici le plus, ou du courage qui le soutient à la vue de ces spectacles attendrissans, ou de la pureté des motifs qui le font agir dans des circonstances si capables d'exciter en lui des idées d'intérêt & d'ambition, si sa grande ame en eût été susceptible ? Vous avez vu, Messieurs, dans le Duc d'Orléans, un Prince dévoué à sa Patrie, courageux dans les combats, fidèle à ses Rois. Sa bonté, son amour pour la Religion, sa mort édifiante, c'est ce qui fera la seconde Partie de son Eloge.

DEUXIÈME PARTIE.

Si je n'avois, Messieurs, dans la vie du Duc d'Orléans, qu'à vous offrir le spectacle de ses vertus civiles & militaires, qu'à vous faire dans un récit pompeux, l'énumération de ses titres, de ses domaines, de ses apanages, qui le mettoient au rang des grands Princes ; je pourrois tout au plus surprendre vos sens par ce fantôme éblouissant, qui frappe, qui étonne les Peuples. Mais cette gloire que la postérité prétend consacrer dans ses fastes, que l'orgueil humain veut transmettre & perpétuer dans le souvenir des nations, qu'est-elle aux yeux de la foi & de la raison ? une ombre passagère qui s'évanouit, une légère vapeur qui se dissipe, une fumée que le vent emporte, & qui disparoît : *vapor ad modicum parens.* Ouvrez ces tombeaux où le luxe a épuisé toutes les ressources de l'art, que la vanité a couverts d'inscriptions fastueuses pour immortaliser ses idoles & ses Héros ; sous les marbres qui les couvrent, qu'y verrez-vous ? Un peu de cendre & de poussière. Se concilier les esprits par la bonté & la douceur, régner sur ses semblables, par des bienfaits, enchaîner les cœurs, par une domination paisible, ce sont

Jac. 1.

là des titres dont rien ne peut ternir l'éclat, &
sur lesquels la mort & le temps ne peuvent
exercer leur pouvoir. Voilà des avantages ré-
servés à ce petit nombre d'hommes, qui semblent
nés pour le bonheur des autres. A ce tableau
intéressant ajoutez un christianisme éclairé, un
profond respect pour la Religion dans un siècle
où elle est si méconnue, si négligée, une pratique constante des obligations qu'elle renferme
dans un temps où l'on se sert des plus légers
prétextes pour s'en dispenser. Ajoutez-y, dis-je,
la crainte de Dieu, & une mort vraiment édifiante ;
voilà ce qui met le sceau à la perfection de l'homme,
& c'est par ces derniers traits que je vais finir
l'Eloge que j'ai entrepris. Ici se présente une
abondante moisson, bien digne d'un Ministre de
la paix, & d'un Auditoire chrétien. Nous allons,
Messieurs, en cueillir rapidement les fruits.

Si le nom de la Bonté, selon la belle expres-
sion de Tertullien, est un titre plus flatteur, que
le nom de la Puissance ; *gratius est nomen boni-*
tatis, quam potestatis ; qui mérita jamais mieux
nos hommages que le Prince que nous pleurons
aujourd'hui ! A l'exemple du plus sage des Rois,
il pouvoit mettre au rang des dons de Dieu,
cette bonté d'ame qu'il avoit reçue en naissant.

Sortitus sum animam bonam. Héritage précieux Sap. 8. qu'il tenoit de ses ancêtres ; comme eux, il y attachoit plus de prix qu'à tous les avantages dont la fortune l'avoit comblé. Tous les caractères de cette vertu étoient comme imprimés sur son front ; tous ses charmes sembloient attachés à sa personne. Le mobile de toutes ses actions, l'ame de tous ses projets, le but de toutes ses démarches, la règle de tous ses mouvemens, c'étoit la bonté. On la voyoit briller dans ses yeux, & répandre autour de lui une douce lumière ; elle s'exprimoit, pour ainsi dire, par sa bouche, il n'en sortit jamais que des paroles obligeantes : elle se peignoit dans toutes ses manières sous des formes si engageantes, qu'elle lui assuroit l'empire des cœurs. Enfin, il retraça presqu'en tout, autant que la foiblesse humaine peut le permettre, ce divin modèle qui ne passa sur la terre que pour la rendre féconde, & tous ses habitans heureux & fortunés. *Pertransiit* Act. 10. *benefaciendo.* O Bonté ! vertu céleste, vertu divine ! que les suffrages des hommes sont foibles auprès de ta ravissante beauté ! Tu brilles de tes propres attraits, & te nommer, c'est faire ton éloge !

COMME Prince, le DUC D'ORLÉANS étoit

peu jaloux des prérogatives de la grandeur ; il fe dépouilloit de tous fes dehors impofans, & il tempéroit par fa douceur, cet éclat qui environne la Puiffance. Il ne gardoit de fon rang que ce qu'il falloit pour fe faire refpecter, fe pliant, fe proportionnant à tout fans s'abaiffer, fe communiquant fans s'avilir. Équitable par principes & par caractère, l'amour de la juftice tenoit en lui à un fonds de probité incorruptible. Il vouloit qu'elle fût l'ame de fes confeils, qu'elle réglât toutes fes opérations. Gémiffant fur le fort des Grands, qui ne peuvent ni tout voir, ni tout faire par eux-mêmes, il avoit du moins recours à des Miniftres intègres, & fon choix, prefque toujours infaillible, ne tomboit que fur des ames auffi nobles, auffi défintéreffées que la fienne. Il montroit dans les affaires les plus épineufes, un difcernement jufte, une pénétration furprenante. Il foutenoit fes droits avec modération, n'abufant jamais de fon pouvoir pour envahir l'héritage d'autrui. S'ils étoient injuftes, il fe condamnoit févérement : s'ils étoient équivoques, il fe défiftoit de fes prétentions. La qualité d'honnête homme étoit auprès de lui une recommandation très-puiffante. Tous ceux qui lui étoient préfentés fous ce titre, il les accueilloit indiftinctement, & avec bienveillance ; il ne rougiſſoit pas de leur donner publiquement des marques flatteuſes de conſidération.

Si je l'enviſage ſous un autre rapport & comme bienfaiteur du genre humain , quelle foule d'objets ſe préſentent de toutes parts & m'accablent par leur multitude ! Les œuvres de ſa charité ſont innombrables ; il les meſuroit ſelon l'étendue & l'eſpèce des beſoins. Humain & ſenſible, il faiſoit un noble uſage de ſon crédit & de ſon autorité ; ne les employant jamais qu'en faveur du pauvre & de l'orphelin dont il étoit l'appui , que pour les foibles , dont il étoit le plus ardent protecteur. Généreux & libéral , l'homme malheureux étoit aſſuré de trouver de la compaſſion dans ſon cœur. Mais la nobleſſe indigente étoit ſur-tout l'objet de ſa ſollicitude. Sans ceſſe il faiſoit tomber ſur elle les témoignages de ſa prédilection, épargnant l'aveu du beſoin, le prévenant avec ces ménagemens délicats qui rehauſſent le mérite du bienfait & y ajoutent un nouveau prix. Que d'Officiers dans le ſervice dont il étoit le ſoutien ! Que d'enfans & de veuves qui ne ſubſiſtoient que par ſes tendres ſoins! Combien de maiſons diſtinguées lui devoient leur éclat & leur aiſance !

Quod enim nec omnibus, nec semper, nec per se bonum est, propriè boni naturam non habet. De Morte Or.

Ce qui eſt vraiment bon, dit St. Grégoire de Niſſe, & qui ſeul mérite ce nom, c’eſt ce qui eſt bon par ſoi-même, qui l’eſt pour tous, qui l’eſt pour toujours. Tel fut LE DUC D’ORLÉANS : il étoit bon par caractère, bon par habitude, bon par religion ; faiſant du bien à tous ſans le reprocher, ſans le faire ſentir, ſans le faire payer, ſans en exiger de la reconnoiſſance. Humble & modeſte dans le particulier, grand & magnifique dans tout ce qui pouvoit intéreſſer le bien public. Ces établiſſemens avantageux à l’humanité que nous devons à la bienfaiſance de ſes ancêtres, ſubſiſtent encore par ſes libéralités. Il a conſervé par ſes ſoins, il a perfectionné & ſoutenu par des encouragemens, tous ces monumens précieux & reſpectables, plus propres à immortaliſer la piété de ſes Pères & ſa gloire perſonnelle que ces découvertes frivoles, ces ouvrages faſtueux de la vanité qui ne ſervent qu’à nourrir l’orgueil des Fondateurs, & qu’à corrompre les Peuples. C’eſt à ſes frais que ſe fait dans un de vos Hôpitaux cette opération cruelle & dangereuſe, dont le nom ſeul & l’appareil ſont effrayans. C’eſt par ſes généreux ſecours que ſe forment dans votre Ville, de jeunes élèves, dans toutes les connoiſſances relatives au commerce. Enfin, toutes les bonnes œuvres qu'on lui défignoit, il les embraffoit avec zèle , & fa charité active & ingénieufe ne connoiffoit aucunes bornes.

AMI des arts, que de chef - d'œuvres dans fes Palais annoncent fon goût & fa magnificence ! Il protégeoit fur - tout celui qui, par fa nobleffe & fon utilité, l'emporte fur tous les autres. Depuis long - temps, fon ame paifible préféroit le filence de la campagne au tumulte des villes. Que d'attraits la folitude avoit pour lui ! Il retrouvoit dans ces retraites champêtres ce calme qui fait la félicité du Sage. La candeur, la fimplicité, la concorde, tout y retraçoit à fes yeux le fpectacle raviffant de l'innocence & des mœurs du premier âge du monde. C'eft là qu'au fein d'un doux loifir il fe délaffoit de la pompe fatigante des Cours ! C'eft là que, défabufé de toutes les erreurs de la vanité, il refpiroit un air plus pur, il goûtoit des plaifirs plus délicieux ! Mais une amertume fecrète en empoifonnoit toute la douceur. Il ne voyoit qu'avec une trifteffe profonde , des hommes utiles & laborieux, courbés fous le poids de la mifère & de l'infortune. C'eft alors que fon ame s'ouvroit au fentiment de la bienfaifance, qu'il oublioit fa grandeur, & ne voyoit plus en eux que ſes ſemblables. Combien de fois a-t-il répandu le baume de la conſolation dans ces cœurs flétris & déſolés ! Combien de fois ſa ſenſibilité l'a-t-elle conduit dans ces chaumières, aſiles reſpectables des vertus & du malheur ! Il les embelliſſoit par ſa préſence ; il n'y paroiſſoit jamais ſans y faire renaître l'abondance & la ſérénité. Le laboureur, l'agriculteur encouragés, béniſſoient la main qui venoit d'eſſuyer leurs larmes, & reprenoient avec joie leurs pénibles travaux.

Bon Maître ! on peut bien s'écrier ici, heureux vous qui aviez le bonheur de lui appartenir ! vous n'étiez point traités comme de vils eſclaves ; vous n'étiez point aſſervis ſous un joug de fer ; ſon ſervice étoit facile & aiſé, parce qu'il ne demandoit rien au-delà des devoirs qu'on devoit remplir. Il étoit doux & agréable ; la fidélité étoit reconnue par des récompenſes, l'attachement par des témoignages de ſatisfaction, les talens par des gratifications publiques, les mœurs par des diſtinctions honorables. Tout le monde connoît ce Teſtament d'un homme célèbre. *Je légue à ma Nièce quinze cents livres de rente que j'eſpère que Monseigneur le Duc d'Orléans lui accordera*

accordera en faveur de mes longs services. Si ce trait eſt noble & ſingulier, la réponſe du Prince eſt admirable : *il m'a fait juſtice.* Il étoit le meilleur des Maîtres ; ne s'abandonnant jamais à ces promptitudes qui déconcertent, à ces reproches qui humilient, à ces duretés qui révoltent. Sans humeur, ſans caprices, ſans inconſtance, il excuſoit avec bonté les légers défauts, les oublis involontaires ; il reprenoit avec peine, mais avec fermeté, les prévarications plus graves : comptant pour beaucoup, l'envie de bien faire ; encourageant la foibleſſe par des égards, la timidité par un coup d'œil gracieux ; uſant, enfin, de condeſcendance, de charité, de patience dans les maladies & les infirmités qui affligeoient ſes ſerviteurs : s'intéreſſant à leur ſort, s'informant de leur ſanté, de leurs beſoins, leur prodiguant les ſoins & les ſecours, les ſoulagemens & les conſolations. O vous, encore une fois, qui aviez le bonheur de vivre ſous ſes loix, qui pourroit vous dédommager de la perte que vous avez faite, ſi vous ne retrouviez pas dans ſon auguſte FILS, la même 'ame, le même cœur, & les mêmes ſentimens !

BON Pere ! que ce nom renferme de devoirs !

ils furent tous facrés pour le Duc d'Orléans : fi la Religion les lui propofe comme les plus indifpenfables, fa tendreffe les lui fait envifager comme les plus doux & les plus naturels. Le plus important de tous, c'eft l'éducation des enfans. Qu'il en coûte à fon cœur de ne pouvoir fe charger lui-même d'un fardeau que l'amour lui rendoit fi léger ! Mais fi les obligations & les embarras de la Grandeur le forcent de recourir à des mains étrangères, ce n'eft qu'après les recherches les plus exactes, les précautions les plus févères qu'il s'y détermine ; encore tremble-t-il de s'être mépris dans fon choix. Père prudent & attentif ! quelle fera la récompenfe de cette louable inquiétude ? Le Seigneur te fufcitera lui-même des inftituteurs zélés qui calmeront tes craintes & qui rempliront, auprès de tes Enfans, tes vues fages & tes foins paternels. Déjà formé, par leurs fublimes leçons, croît & s'élève un Rejeton illuftre, l'efpoir de la Maifon d'Orléans, Prince aimable, en qui les qualités de l'efprit le difputent à celles du cœur : Protecteur éclairé des Sciences, des Arts & des Talens, Héritier d'un Nom qui vous fera toujours cher, s'il a, Messieurs, des droits inconteftables fur votre amour, il en a de tous

récens fur votre reconnoiffance. Que dis-je !
Père heureux ! pour mettre le comble à fes
bienfaits & à ton bonheur, la même providence unit cet enfant précieux à une jeune
Princeffe qu'elle a ornée de toutes les perfections de l'ame, & embellie de toutes les
grâces & des plus riches dons de la nature.
Mais quelle idée frappante réveille en nous
l'époque de cette alliance ! Eh ! pourrai-je
parler de cette Princeffe, fans nommer en
même temps l'Auteur refpectable de fes jours !
Quel magnifique tableau mettrois-je ici fous
vos yeux, fi mes foibles talens répondoient
à mes défirs ! Le bruit de fes vertus retentit
dans toute la France, & leur éclat rejaillit
particulièrement fur cette Province. Philofophe
chrétien, Prince fimple & modefte au milieu
de la pompe de la richeffe ; inexorable au
vice dans un fiècle où on lui érige par-tout
des autels. Malgré les efforts de l'incrédulité,
inébranlable dans fes principes ;. malgré les
féductions de la volupté, invincible à tous fes
attraits ; fuyant le fafte des Cours, & cultivant
dans l'obfcurité toutes les vertus ; enfin ne
connoiffant d'autre loi que celle du Seigneur,
qui retentit à fon oreille attentive, & la
méditant fans ceffe dans le calme de la retraite

& de la folitude. Quels biens, dis-je, ne nous promet pas cette illuftre alliance ! Elle nous a déjà donné des gages de notre félicité. Puiffe-t-elle les multiplier encore ! Puiffe le fang d'Orléans, uni à celui de Penthièvre, perpétuer à jamais la génération des Princes vertueux, fenfibles & compatiffans !

SI, dans l'expofé que je vous ai fait jufqu'ici des vertus du DUC D'ORLÉANS, je me fuis principalement attaché à vous peindre fa bonté, j'ai fuivi en cela les mouvemens de mon cœur, & la fimple vérité a été mon guide. C'eft par l'éloge de cette vertu, que l'éloquent St. Ambroife termine le panégyrique du grand Théodofe. Le nom de Grand & d'Honorable, il ne le donne qu'à la bonté de ce Prince. *Magnum & honorabile eft homo mifericors.* Auffi, Meffieurs, fi la mémoire des Héros & des Conquérans qui ont rempli le monde du fracas de leurs exploits, ne laiffe après elle qu'un vain bruit & périt avec eux, le cœur eft toujours ému au fouvenir des amis de l'humanité, & on pleure toujours fur le tombeau des Princes bienfaifans. *Magnum & honorabile eft homo mifericors.* Ajoutons aux détails de cette vertu, ce qui la rend précieufe aux yeux de Dieu & des Hommes, je veux dire un attachement sincère à la Religion & une mort sainte & édifiante.

Que deviendroit l'homme, si, au moment fatal qui doit terminer sa carrière, il refusoit de rendre à son Créateur le tribut de gloire qui lui appartient! Qui oseroit le soustraire à ses jugemens! Qui pourroit l'arracher de ses mains vengeresses! Fût-il Prince, fût-il Monarque, on frémiròit sur son sort, & la douleur seroit d'autant plus vive, que rien ne pourroit en adoucir l'amertume : dans la vie du Duc d'Orléans, dans sa mort vous ne trouverez rien qui puisse vous causer une semblable frayeur ; vous n'y verrez que des exemples propres à vous édifier, à vous consoler & peut-être à vous confondre : sans cela je ne viendrois point ici troubler les divins mystères, ni brûler sur son tombeau un encens que la Religion réprouveroit & que Dieu même auroit en horreur.

Si les Rois & les Princes, ses ancêtres, se trouvoient plus honorés par cette même Religion qu'ils professoient, que par le sang noble qui couloit dans leurs veines, il savoit comme eux que le premier & le plus brillant de tous ſes titres étoit le nom de Chrétien, & l'on peut dire qu'il avoit hérité de leurs vertus ainſi que de leur foi. Dans les plus beaux jours de ſon élévation, il n'a point oublié ſa condition mortelle. Dans un ſiècle où la vérité eſt ſi rare parmi les enfans des hommes, il a établi dans ſon ame les ſublimes principes du chriſtianiſme, ſur des fondemens inébranlables. Les affaires les plus graves, les occupations les plus ſérieuſes, en un mot, tous les devoirs de ſon rang & de ſon état, il a ſu les aſſujettir à la loi de Dieu. La prière, l'aumône, les bonnes œuvres de toute eſpèce, étoient devenues ſes exercices les plus familièrs. Le moment où l'on célèbre le ſacrifice, de nos autels, étoit pour lui un moment précieux, c'étoit le moment du Seigneur. Il ne s'eſt jamais livré au repos qu'il ne lui ait donné ſon cœur; à ſon réveil il lui rendoit le même hommage. Plus de lectures profanes, plus de converſations frivoles, plus d'amour pour le monde, plus de déſirs des choſes humaines ! La foi lui avoit découvert des biens plus ſolides. Il s'étoit attaché aux branches de cet arbre myſtérieux ſur lequel il avoit vu briller tous les tréſors de l'eſpérance chrétienne. Enfin, foumis à fon Dieu , il lui donnoit publiquement & en particulier des témoignages fréquens de fon dévouement & de fon refpect. Quand des fentimens auffi religieux fe trouvent dans des conditions auffi élevées , quel triomphe pour l'Eglife ! quelle édification pour les juftes ! quel encouragement pour les foibles ! quel exemple pour les pécheurs ! Mais auffi pour l'impie & l'incré‑ dule , quelle honte ! quelle condamnation !

PENDANT le cours de la vie humaine, il y a , Meffieurs, des jours malheureux , des jours de foibleffe. Dieu nous livre alors à nous-mêmes, autant pour nous humilier que pour nous inftruire ; mais les armes que l'enfer employe pour tenter le commun des hommes, que font‑elles auprès de celles dont il fe fert pour attaquer les Grands ! C'eft une des merveilles de la Grâce , quand ils fe confervent purs au milieu des enchantemens du monde, de ce monde qui fe plaît à ravager l'héritage de Jefus‑Chrift , & qui fe venge en immolant au ridicule le plus amer les Princes qui re‑ noncent à fes maximes pour embraffer celles de l'évangile ; ennemi d'autant plus dangereux, qu'il couvre de fleurs les piéges qu'il leur tend. Pour flatter leur vanité, il fait ménager, avec art, ces difcours infidieux, ces éloges flatteurs qui les enivrent : il leur préfente les plaifirs fous les formes les plus féduifantes ; cette douce liqueur qu'il leur prépare, eft un breuvage qui recèle les poifons les plus fubtils. Enfin, tout ce qui les entoure, tout ce qui les approche, tout ce qui les touche, c'eft autant de tentations, de piéges, d'artifices, de féduction. Si le Duc d'Orléans a fuccombé fous les efforts de cet ennemi redoutable, fa foi n'en a jamais été ni altérée ni ébranlée. Ces jours de ténèbres, il les a effacés par fes larmes ; ces jours de foibleffe, il les a expiés par fa douleur, par fon repentir, & fa mort édifiante doit les faire oublier.

Oui, Meffieurs, les Princes meurent comme les autres Hommes, *ficut homines moriemini* ; & les Hommes meurent auffi bien que les Princes. *Sicut unus de principibus cadetis.* La mort indifférente fur le choix de fes victimes les frappe toutes indiftinctement. Il n'y a d'incertain que le jour, l'heure & le moment. Le Duc d'Orléans méditoit fouvent ces importantes vérités, & fi fa mort a été prompte, elle n'a été ni effrayante ni imprévue. Dieu, pour le récompenfer de son attachement à la Religion, de sa vie chrétienne, lui en a épargné toutes les horreurs. Il l'a écouté au moment favorable ; il l'a secouru au jour du salut. Depuis long-temps ce Prince portoit ses regards sur l'abîme inévitable qui doit engloutir tous les enfans des hommes, & il agissoit comme s'il eût dû à chaque instant s'entr'ouvrir sous ses pas. Sujet à des maladies fréquentes & douloureuses, l'affoiblissement de ce corps mortel & terrestre augmente la vigueur de son ame, parce qu'il met dans Dieu seul son espoir, sa force & sa consolation.

APPROCHEZ, Chrétiens, approchez sans crainte du lit de ce Prince expirant ! vous n'entendrez point les cris tardifs du repentir, ni les gémissemens du désespoir. Vous ne verrez point un homme luttant contre la mort, & défendant les restes d'une vie qui va lui être enlevée. Dès qu'il se sent frappé, il se soumet sans murmure ; c'est une victime courageuse qui brûle d'unir son sacrifice à celui de Jesus-Christ. Il prévient, il appelle les ministres du Seigneur ; il demande lui-même les secours qui doivent lui ouvrir les portes d'une nouvelle vie ; il les reçoit avec tous les transports de l'amour le plus vif , avec tous les fentimens de la confiance la plus entière dans les miféricordes de fon Dieu ; tout eft ému , tout fond en pleurs autour de lui. Qui pourroit vous peindre les inquiétudes , la défolation du plus fenfible des Fils ; l'attendriffement , la douleur d'une Prin-ceffe , fa vertueufe Epoufe ! Qui pourroit vous peindre leurs foins empreffés , leurs veilles affidues, les cris touchans & plaintifs de leurs auguftes Enfans ! Voyez-les tous arrofer de leurs larmes le plus digne des Pères , & confondre leurs gémiffemens avec fes derniers foupirs ! Ces témoignages fincères d'affection

Ecclef. 58.

femblent ranimer fon cœur & exciter fa re-connoiffance. C'eft Ezéchias mourant qui jette de tendres regards fur ceux qui le pleurent, & qui les confole. Jufque dans fes derniers momens , c'eft toujours la même douceur, la même bonté , la même férénité. Enfin , il s'endort paifiblement dans le Seigneur, & rend fon ame à Dieu dans les bras de fes Enfans , de fes Amis & de fes Serviteurs.

Au premier bruit de fa mort , tout Saint-Affife eft frappé comme d'un coup de foudre. Une multitude de bienfaits y avoit gravé l'image de ce Prince dans tous les cœurs. On n'en-

tend par-tout que des fanglots & des foupirs
auxquels fuccède bientôt la plus vive expreffion
de la douleur, un morne filence. Si on l'in-
terrompt, c'eft pour s'affurer encore de la
vérité & des circonftances d'un événement fi
funefte ; les larmes coulent de nouveau, &
cette terre, qu'il avoit rendu fi heureufe, en eft
toute inondée. Voyez ces malheureux habitans
efcorter en foule le corps de leur Maître, de
leur Bienfaiteur, de leur Pere ; jamais il n'y
eut de fpectacle plus touchant, & cette pompe
funèbre eft un véritable triomphe.

La Renommée avoit déjà repandu dans la
Capitale cette trifte & affligeante nouvelle. Le
cortège lugubre s'avance à pas lents vers fes
murs ; un deuil général règne dans fon en-
ceinte, une multitude innombrable en affiège
les portes ; l'ardeur, l'empreffement qu'elle té-
moigne en cette occafion, eft comme le der-
nier hommage qu'elle vient rendre à un Prince
citoyen qui fut toujours fon idole. Eh ! quel
hommage, Meffieurs, que celui du Peuple !
pour le donner il ne confulte que fon cœur !
& il eft d'autant plus fincère, que la vertu
feule peut lui arracher fon fuffrage !

Que dis-je, par-tout les voûtes de nos

temples ont déjà répété, en gémiſſant, le nom d'un Prince qui aima ſa Patrie & ſa Religion ! Par-tout des bouches éloquentes ont été les interprètes de la douleur publique. Vous, Meſ-fieurs, que cette Ville a ſpécialement chargé du ſoin précieux d'exprimer ſon dévouement & ſon reſpect pour la mémoire d'un Prince qui lui a été ſi cher, vous avez rempli les vœux de vos Concitoyens, & votre zèle eſt digne des plus grands éloges. Mais moi, en venant ici joindre à ce témoignage éclatant de votre reconnoiſſance, le ſouvenir conſolant de ſes vertus, pourrai-je au moins me flatter d'être le foible organe de vos ſentimens ! Enfin, toute la France a partagé vos regrets, a mêlé ſes larmes aux vôtres, & cette déſolation uni-verſelle ne juſtifie que trop le motif qui les a fait répandre. *Univerſus Juda, & Jeruſalem, luxerunt eum.*

QUEL pénible & douloureux miniſtère vous m'avez impoſé ! Que n'ai-je, Meſſieurs, la conſolation de le remplir devant un Prélat que la plus tendre amitié uniſſoit étroitement au Prince que nous pleurons ! J'aurois l'avan-tage de vous le citer comme un témoin fidèle de toutes les vertus dont je viens de vous tracer l'image, de ces mêmes vertus qui le rendent lui-même si cher à un troupeau dont l fait les délices & le bonheur. Vous, MONSEIGNEUR, qui le remplacez ici, & dans le sein duquel son ame sensible a épanché si souvent sa douleur & son amertume, vous avez recueilli de sa bouche même les expressions les plus touchantes de son affliction & de ses regrets. Mais si ce respectable Prince vous a été moins connu, nous vous devons les espérances flatteuses que nous avons déjà conçues de son auguste Fils ; & les bienfaits tout récens que vous nous en avez obtenus, sont pour cette Province le présage le plus heureux. Il me semble déjà voir ses mains nobles & généreuses essuyer nos larmes, & de concert avec la plus sensible, la plus charitable des Princesses, sa digne Compagne, sa respectable Epouse, multiplier les actes d'une bienfaisance éclairée, & s'attacher de plus en plus tous les cœurs d'une Ville qui chérit depuis si long-temps les Princes de la Maison d'Orléans.

ACHEVEZ donc, Ministre sacré, ce mystère d'amour & d'expiation que notre reconnoissance vient d'interrompre. Que les vœux de tout un Peuple, unis au sang de Jesus-Christ

purifient l'ame d'un Prince que nous aimions
si tendrement ! Puisse ce même sacrifice atti-
rer sur son auguste & intéressante Postérité les
bénédictions destinées à la piété filiale, les
récompenses promises spécialement aux hommes
bienfaisans & aux Princes qui aiment Dieu, &
qui honorent la Religion.

F I N.

A P P R O B A T I O N.

J'AI lu, par ordre de Monseigneur le Garde des Sceaux,
un Manuscrit intitulé : *Oraison Funèbre de Louis-Philippe
d'Orléans, Duc d'Orléans, Premier Prince du Sang.* L'élo-
quence douce & naturelle, qui règne dans ce Discours,
m'a paru propre à exprimer nos justes regrets, & à
faire chérir la mémoire de l'excellent Prince que nous
avons perdu. A Orléans, le 8 Mars 1786.

G E N T Y, *Censeur Royal.*

---

*Vu l'Approbation, permis d'imprimer & distribuer, à Orléans
le 8 Mars 1786.* MIRON.